AF175199

Impressum
Verlag: BABADADA GmbH, Nedderfeld 112 , 22529 Hamburg
Geschäftsführer / Verlagsleitung: Harald Hof
Druck: Books on Demand GmbH, In de Tarpen 42, 22848 Norderstedt

Imprint
Publisher: BABADADA GmbH, Nedderfeld 112 , 22529 Hamburg, Germany
Managing Director / Publishing direction: Harald Hof
Print: Books on Demand GmbH, In de Tarpen 42, 22848 Norderstedt

el colegio
skole

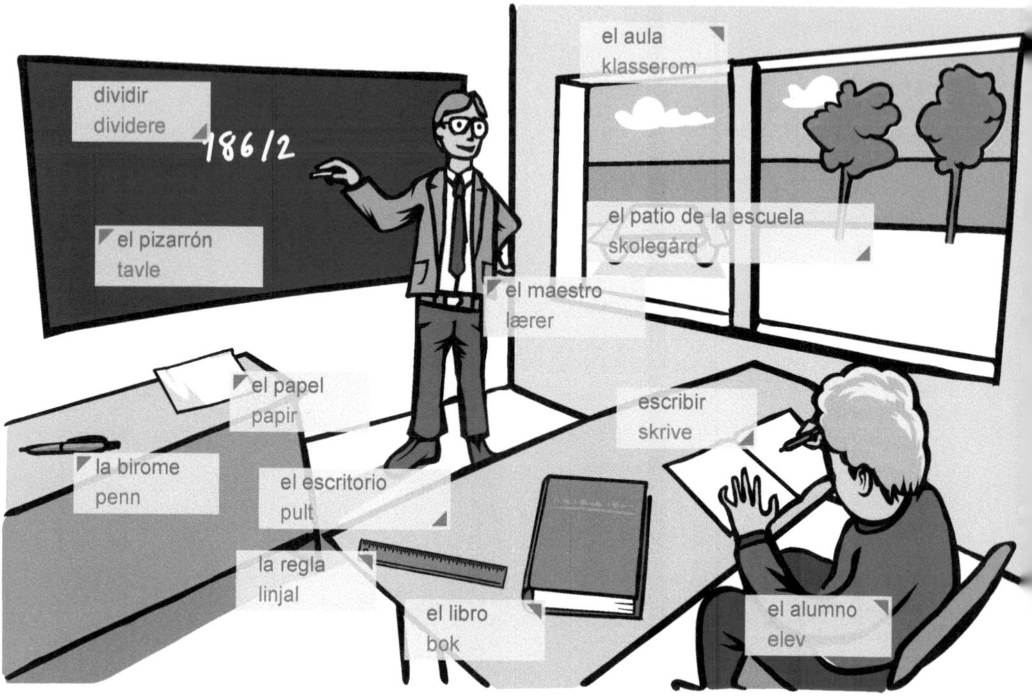
el aula
klasserom
dividir
dividere
186/2
el pizarrón
tavle
el patio de la escuela
skolegård
el maestro
lærer
el papel
papir
escribir
skrive
la birome
penn
el escritorio
pult
la regla
linjal
el libro
bok
el alumno
elev

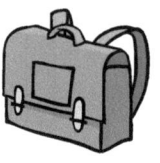

la mochila
ransel

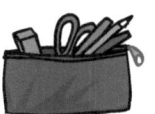

la caja de lápices
penal

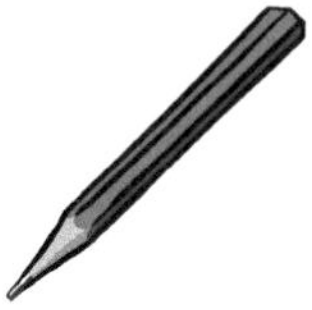

el lápiz
blyant

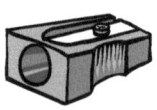

el sacapuntas
blyantspisser

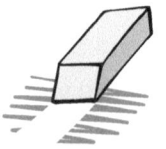

la goma (de borrar)
viskelær

el bloc de dibujo
tegneblokk

el dibujo

tegning

el pincel

pensel

la caja de pinturas

malerskrin

la tijera

saks

el pegamento

lim

el cuaderno de ejercicios

arbeidsbok

la tarea

lekse

el número

tall

sumar

addere

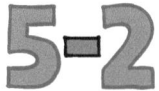

restar

subtrahere

multiplicar

multiplisere

calcular

regne

la letra

bokstav

el abecedario

alfabet

la palabra

ord

el colegio - skole

el texto

tekst

leer

lese

la tiza

kritt

la lección

skoletime

el cuaderno de clase

klassebok

el examen

eksamen

el certificado

vitnemål

el uniforme escolar

skoleuniform

la educación

utdannelse

la enciclopedia

leksikon

la universidad

universitet

el microscopio

mikroskop

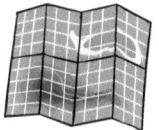

el mapa

kart

el tacho (de basura)

papirkurv

el viaje
reise

el hotel
hotell
Grand
el hostel
pensjonat
ROOMS
la casa de cambio
vekslingskontor
EXCHANGE
la valija
koffert
el auto
bil

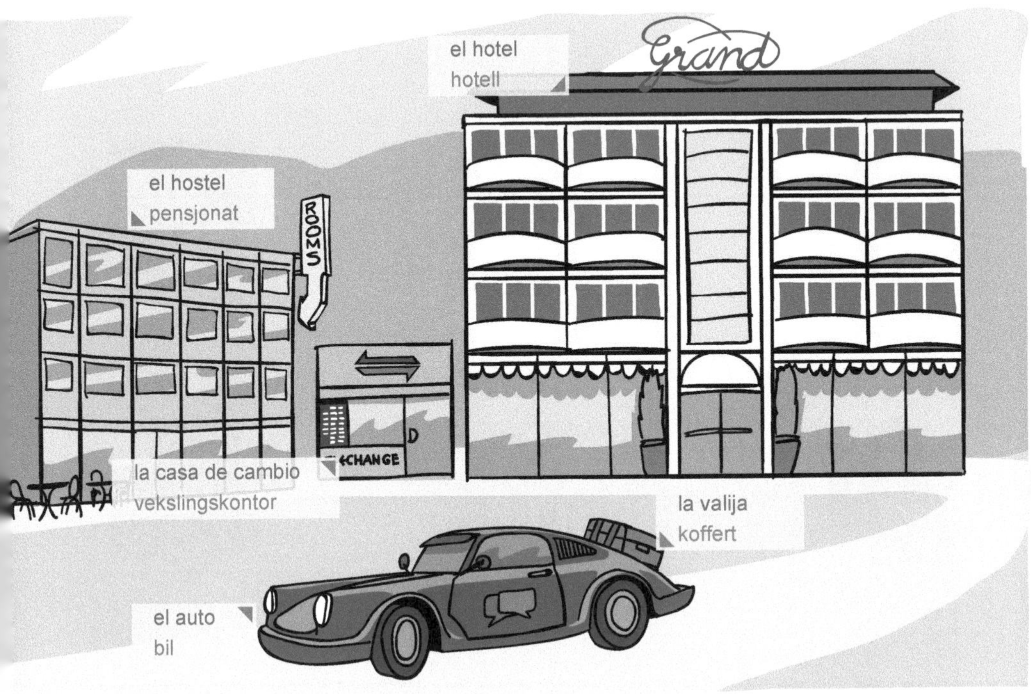

el idioma

språk

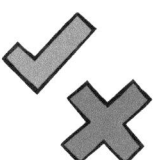

sí / no

ja / nei

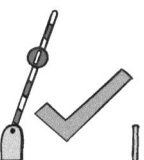

Está bien

okay

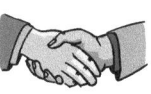

hola

Hei

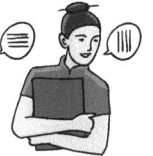

el traductor

tolk

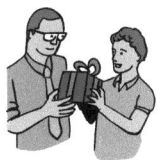

Gracias

takk skal du ha

¿cuánto cuesta...?

Hva koster...?

No entiendo

Jeg forstår ikke

el problema

problem

¡Buenas tardes!

God kveld!

¡Buenos días!

God morgen!

¡Buenas noches!

God natt!

el adiós

ha det bra

la dirección

retning

el equipaje

bagasje

el bolso

veske

la mochila

ryggsekk

el invitado

gjest

la habitación

rom

la bolsa de dormir

sovepose

la carpa

telt

la información turística

turistinformasjon

la playa

strand

la tarjeta de crédito

kredittkort

el desayuno

frokost

el almuerzo

lunsj

la cena

middag

el pasaje

billett

el ascensor

heis

el sello

stempel

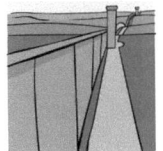

la frontera

grense

la aduana

toll

la embajada

ambassade

la visa

visum

el pasaporte

pass

el transporte
transport

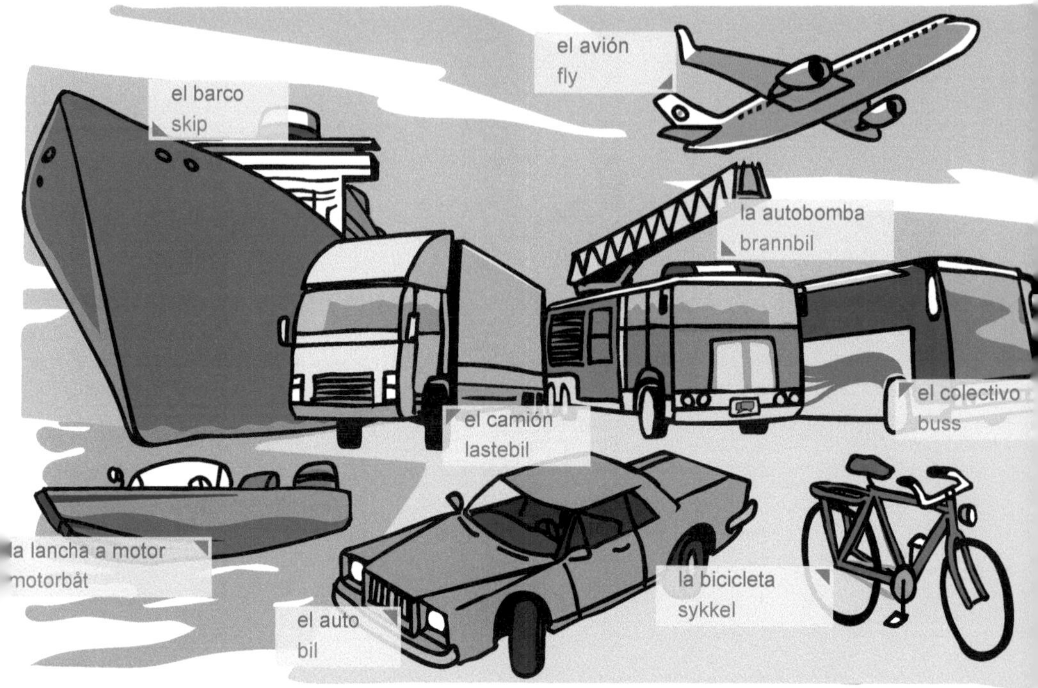

el avión
fly
el barco
skip
la autobomba
brannbil
el colectivo
buss
el camión
lastebil
la lancha a motor
motorbåt
la bicicleta
sykkel
el auto
bil

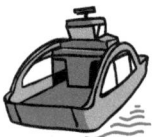

el ferry

ferge

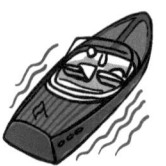

el bote

båt

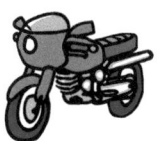

la moto

motorsykkel

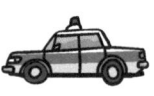

el patrullero

politibil

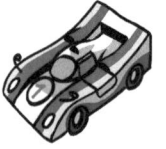

el auto de carreras

racerbil

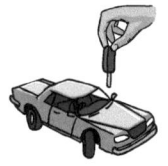

el auto de alquiler

leiebil

el alquiler de autos

bilkollektiv

la grúa

bergingsbil

el camión de la basura

søppelbil

el motor

motor

la nafta

brennstoff

la estación de servicio

bensinstasjon

la señal de tránsito

trafikkskilt

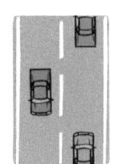

el tránsito

trafikk

el embotellamiento

trafikkork

el estacionamiento

parkeringsplass

la estación de tren

togstasjon

las vías

skinne

el tren

tog

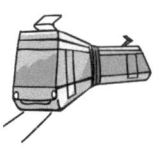

el tranvía

trikk

el vagón

vogn

el helicóptero

helikopter

el aeropuerto

flyplass

la torre

tårn

el pasajero

passasjer

el contenedor

konteiner

la caja de cartón

kartong

la carretilla

tralle

la canasta

kurv

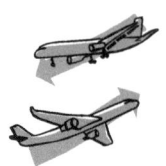

despegar / aterrizar

starte / lande

la ciudad
by

el pueblo

landsby

el centro de la ciudad

sentrum

la casa

hus

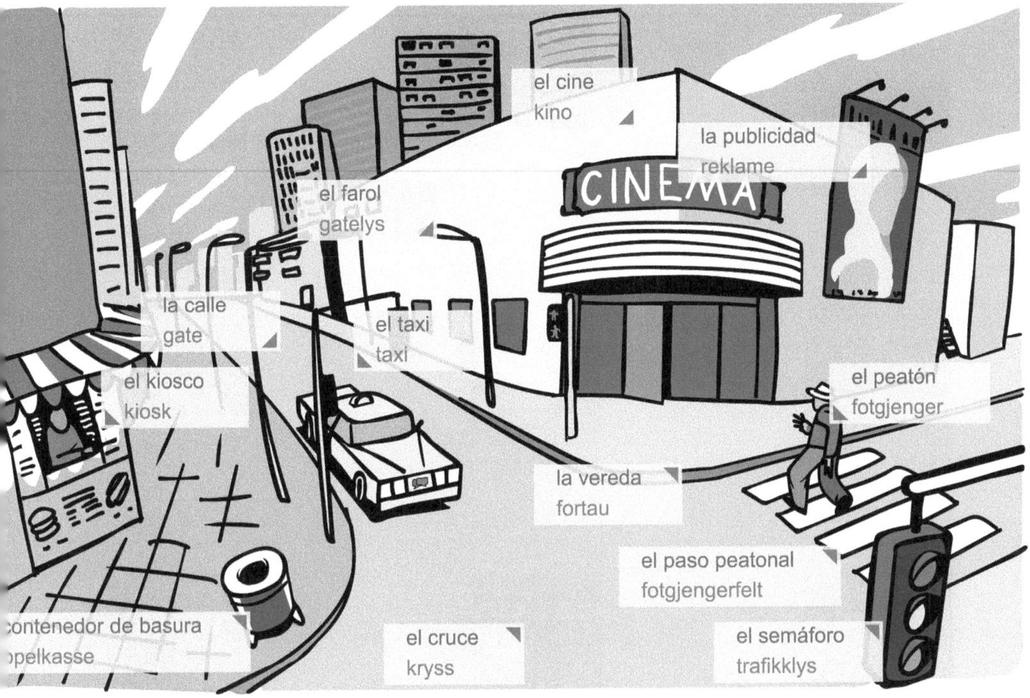

el cine
kino

la publicidad
reklame

CINEMA

el farol
gatelys

la calle
gate

el taxi
taxi

el kiosco
kiosk

el peatón
fotgjenger

la vereda
fortau

el paso peatonal
fotgjengerfelt

contenedor de basura
søpelkasse

el cruce
kryss

el semáforo
trafikklys

la cabaña
hytte

el departamento
leilighet

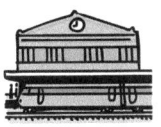

la estación de tren
togstasjon

la municipalidad
rådhus

el museo
museum

el colegio
skole

la universidad

universitet

el banco

bank

el hospital

sykehus

el hotel

hotell

la farmacia

apotek

la oficina

kontor

la librería

bokhandel

el negocio

butikk

la florería

blomsterbutikk

el supermercado

matbutikk

el mercado

marked

las grandes tiendas

varehus

la pescadería

fiskehandler

el centro comercial

kjøpesenter

el puerto

havn

la ciudad - by

el parque

park

el banco

benk

el puente

bro

las escaleras

trapp

el subte

t-bane

el túnel

tunnel

la parada del colectivo

busstopp

el bar

bar

el restaurante

restaurant

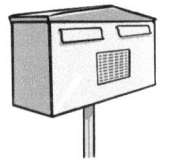

el buzón

postkasse

el letrero

gateskilt

el parquímetro

parkometer

el zoológico

dyrehage

la pileta

svømmebasseng

la mezquita

moské

la granja
bondegård

la contaminación
miljøforurensing

el cementerio
kirkegård

la iglesia
kirke

los juegos infantiles
lekeplass

el templo
tempel

el paisaje
landskap

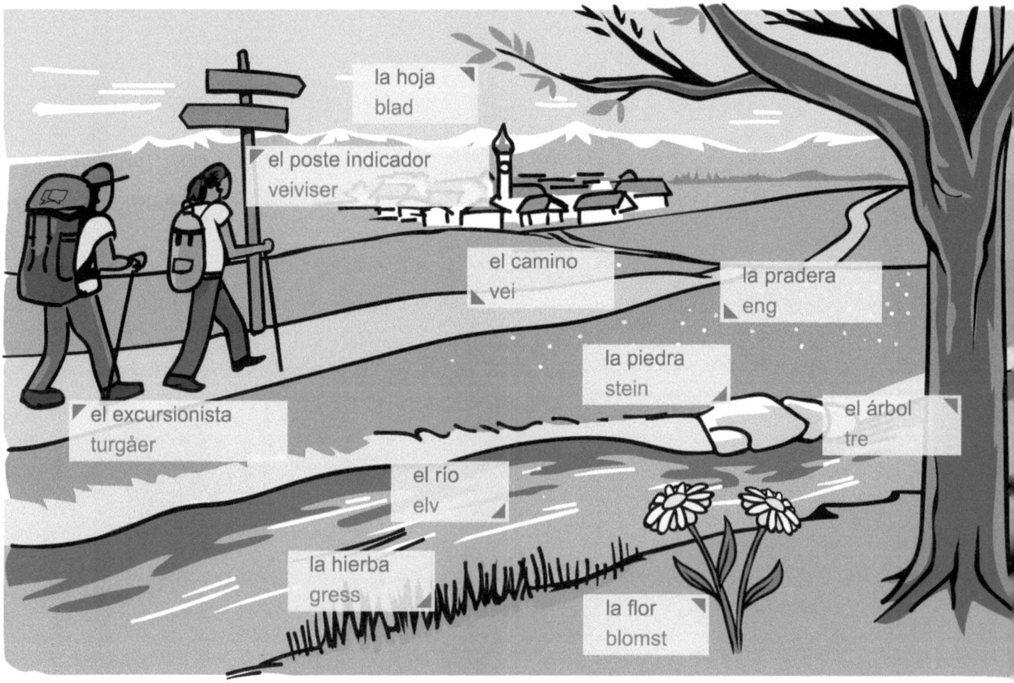

la hoja
blad

el poste indicador
veiviser

el camino
vei

la pradera
eng

la piedra
stein

el árbol
tre

el excursionista
turgåer

el río
elv

la hierba
gress

la flor
blomst

el valle

dal

la montaña

fjell

el lago

innsjø

el bosque

skog

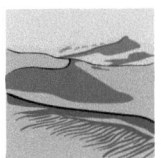

el desierto

ørken

el volcán

vulkan

el castillo

slott

el arco iris

regnbue

el champiñón

sopp

la palmera

palmetre

el mosquito

mygg

la mosca

flue

la hormiga

maur

la abeja

bie

la araña

edderkopp

el escarabajo

bille

la rana

frosk

la ardilla

ekorn

el erizo

piggsvin

la liebre

hare

la lechuza

ugle

el pájaro

fugl

el cisne

svane

el jabalí

villsvin

el ciervo

hjort

el alce

elg

la presa

demning

el aerogenerador

vindturbin

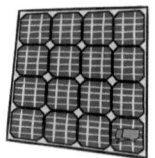

el panel solar

solcellepanel

el clima

klima

el restaurante

restaurant

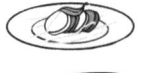

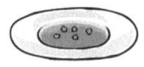

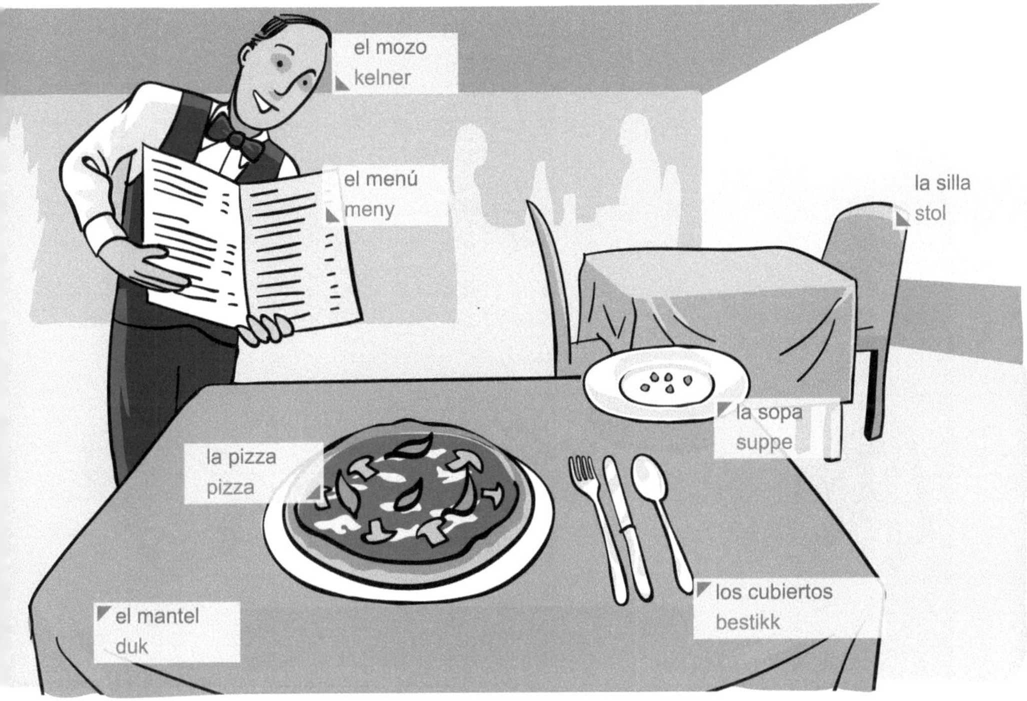
el mozo
kelner
el menú
meny
la silla
stol
la sopa
suppe
la pizza
pizza
los cubiertos
bestikk
el mantel
duk

la entrada
....
forrett

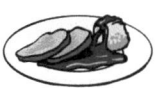

el plato principal
....
hovedrett

el postre
....
dessert

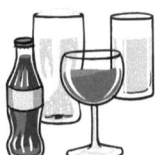

las bebidas
....
drikkevarer

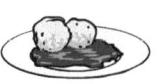

la comida
....
mat

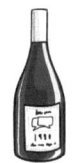

la botella
....
flaske

la comida rápida

hurtigmat

la comida callejera

gatemat

la tetera

tekanne

la azucarera

sukkerskål

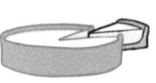

la porción

porsjon

la cafetera expreso

espressomaskin

la sillita alta

barnestol

la cuenta

regning

la bandeja

brett

el cuchillo

kniv

el tenedor

gaffel

la cuchara

skje

la cucharita

teskje

la servilleta

serviett

el vaso

glass

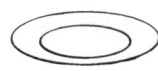

el plato

tallerken

el plato hondo

suppetallerken

el plato

skål

la salsa

saus

el salero

saltbøsse

el molinillo de pimienta

pepperkvern

el vinagre

eddik

el aceite

olje

las especias

krydder

el kétchup

ketchup

la mostaza

sennep

la mayonesa

majones

el supermercado
matbutikk

la oferta especial
tilbud
FOR
el cliente
kunde
los lácteos
meieriprodukt
la fruta
frukt
el changuito
handlevogn

BUTCHERS

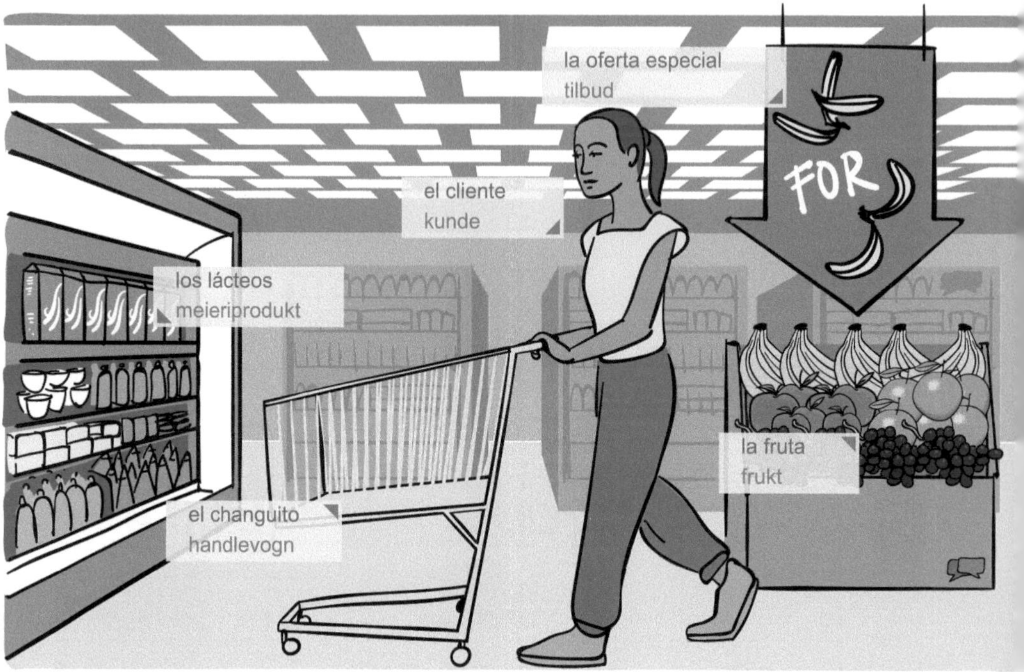

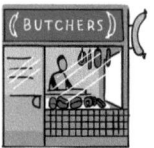

la carnicería

slakter

BAKERY

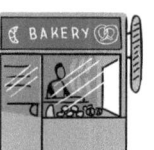

la panadería

bakeri

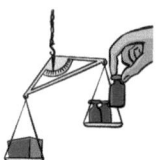

pesar

veie

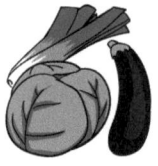

las verduras

grønnsaker

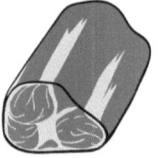

la carne

kjøtt

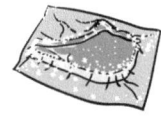

los alimentos congelados

frysevarer

los fiambres

oppskåret pålegg

los alimentos enlatados

hermetikk

el detergente en polvo

vaskepulver

las golosinas

godteri

los electrodomésticos

husholdningsprodukter

los productos de limpieza

rengjøringsmidler

la vendedora

butikkmedarbeider

la caja

kassaapparat

el cajero

kasserer

la lista de compras

handleliste

el horario de atención

åpningstider

la billetera

lommebok

la tarjeta de crédito

kredittkort

la cartera

veske

la bolsa de plástico

plastpose

el agua

vann

el jugo

juice

la leche

melk

la bebida cola

cola

el vino

vin

la cerveza

øl

el alcohol

alkohol

el cacao

kakao

el té

te

el café

kaffe

el café expreso

espresso

el cappuccino

cappuccino

la banana

banan

la manzana

eple

la naranja

appelsin

el melón

melon

el limón

sitron

la zanahoria

gulrot

el ajo

hvitløk

el bambú

bambus

la cebolla

løk

el champiñón

sopp

las nueces

nøtter

los fideos

nudler

los tallarines

spagetti

el arroz

ris

la ensalada

salat

las papas fritas

pommes frites

las papas fritas

stekte poteter

la pizza

pizza

la hamburguesa

hamburger

el sándwich

sandwich

el churrasco

biff

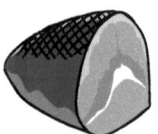

el jamón

skinke

el salame

salami

la salchicha

pølse

el pollo

kylling

el asado

stek

el pescado

fisk

los copos de avena
havregryn

el muesli
müsli

los copos de maíz
cornflakes

la harina
mel

la medialuna
croissant

el pancito
rundstykke

el pan
brød

la tostada
ristet brød

las galletitas
kjeks

la manteca
smør

la cuajada
kvarg

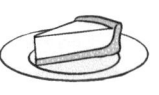

la torta
kake

el huevo
egg

el huevo frito
speilegg

el queso
ost

el helado

iskrem

el azúcar

sukker

la miel

honning

la mermelada

syltetøy

la pasta de chocolate

sjokoladepålegg

el curry

karri

la granja
bondegård

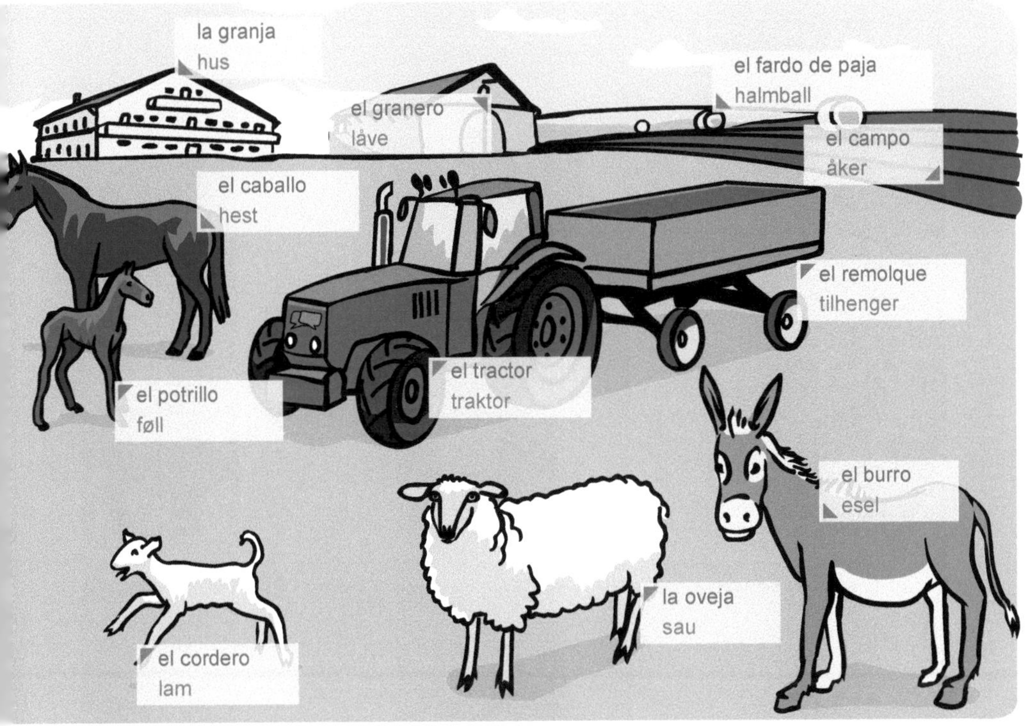

la granja
hus
el granero
låve
el fardo de paja
halmball
el campo
åker
el caballo
hest
el remolque
tilhenger
el potrillo
føll
el tractor
traktor
el burro
esel
la oveja
sau
el cordero
lam

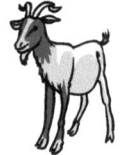

la cabra
geit

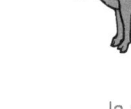

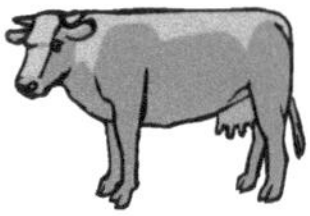

la vaca
ku

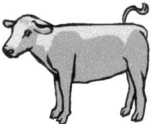

el ternero
kalv

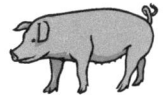

el cerdo
gris

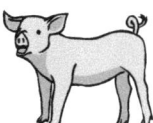

el lechón
grisunge

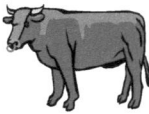

el toro
okse

el ganso

gås

el pato

and

el pollo

kylling

la gallina

høne

el gallo

hane

la rata

rotte

el gato

katt

el ratón

mus

el buey

okse

el perro

hund

la cucha

hundehus

la manguera

hageslange

la regadera

vannkanne

la guadaña

ljå

el arado

plog

la hoz
sigd

la azada
hakke

la horquilla
høygaffel

el hacha
øks

la carretilla
trillebår

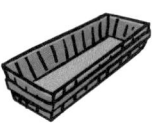

el abrevadero
trau

la lechera
melkekanne

la bolsa
sekk

la reja
gjerde

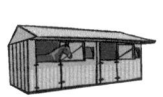

el establo
fjøs

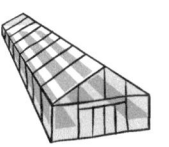

el invernadero
drivhus

el suelo
jord

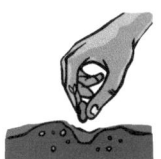

la semilla
frø

el fertilizador
gjødsel

la cosechadora
skurtresker

cosechar

høste

la cosecha

innhøsting

las batatas

yams

el trigo

hvete

la soja

soja

la papa

potet

el maíz

mais

la semilla de colza

raps

el árbol frutal

frukttre

la mandioca

kassava

los cereales

korn

la casa
hus

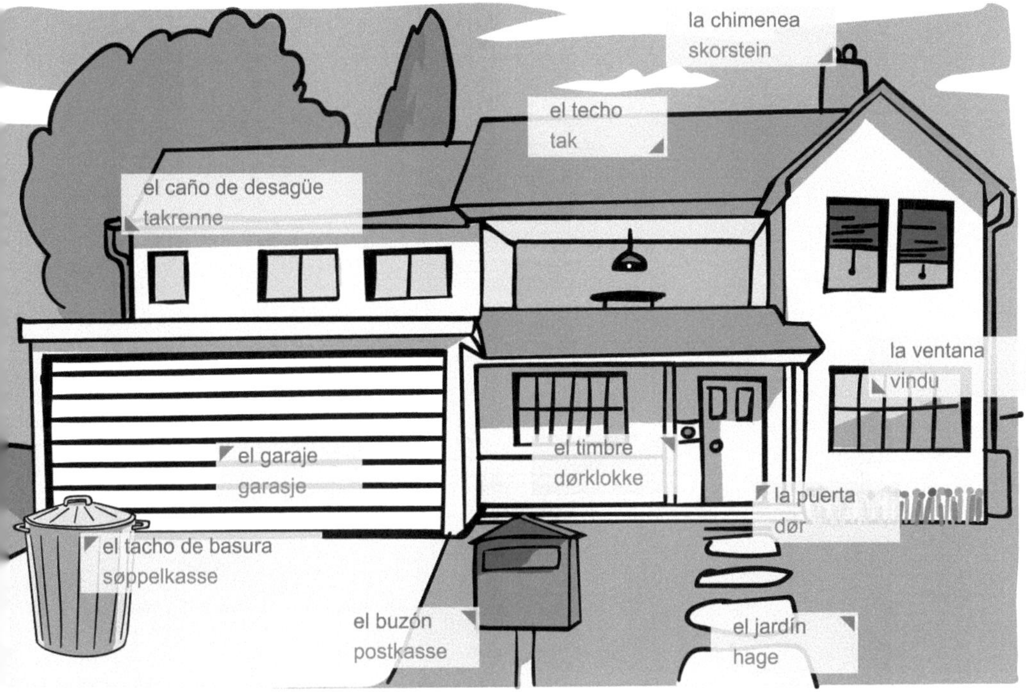

la chimenea
skorstein
el techo
tak
el caño de desagüe
takrenne
la ventana
vindu
el timbre
dørklokke
el garaje
garasje
la puerta
dør
el tacho de basura
søppelkasse
el buzón
postkasse
el jardín
hage

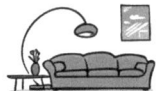

el living
stue

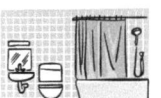

el baño
bad

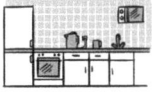

la cocina
kjøkken

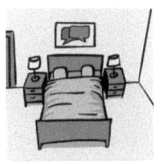

el dormitorio
soverom

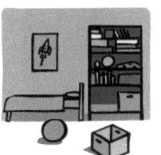

el cuarto de los chicos
barnerom

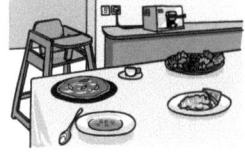

el comedor
spisestue

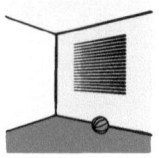

el piso

gulv

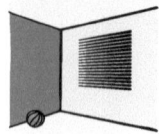

la pared

vegg

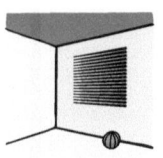

el cielorraso

tak

el sótano

kjeller

el sauna

badstue

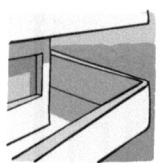

el balcón

balkong

la terraza

terrasse

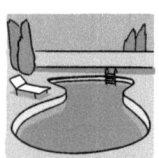

la pileta

svømmebasseng

la cortadora de pasto

gressklipper

la sábana

laken

el acolchado

dyne

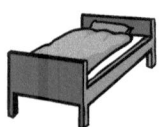

la cama

seng

la escoba

kost

el balde

bøtte

el interruptor

bryter

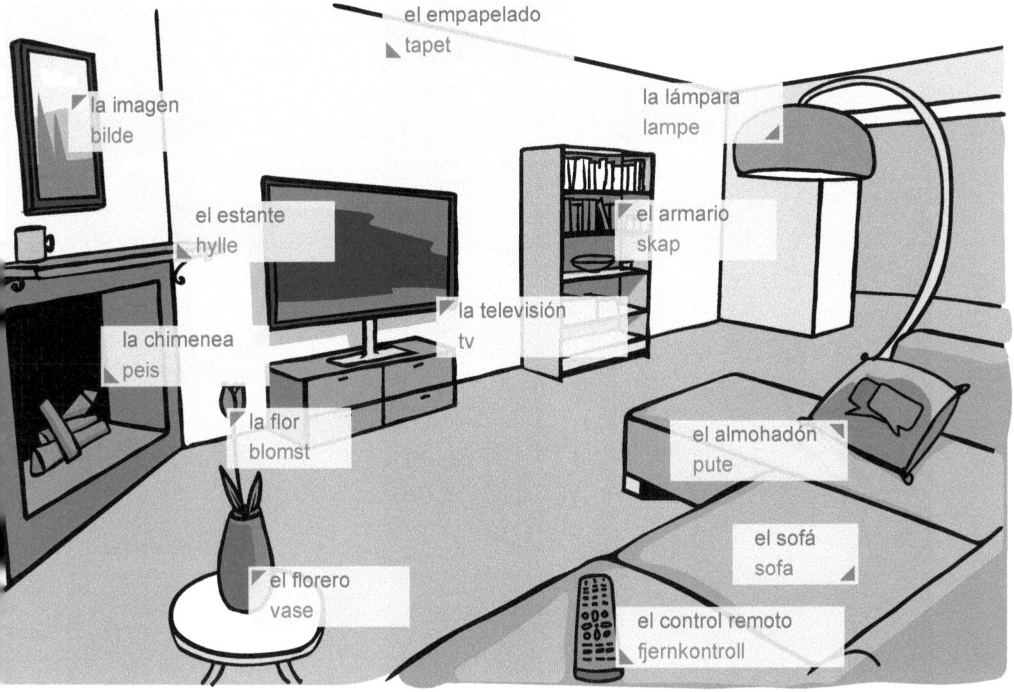

el empapelado
tapet

la imagen
bilde

la lámpara
lampe

el estante
hylle

el armario
skap

la televisión
tv

la chimenea
peis

la flor
blomst

el almohadón
pute

el sofá
sofa

el florero
vase

el control remoto
fjernkontroll

la alfombra

gulvteppe

la cortina

gardin

la mesa

bord

la silla

stol

la mecedora

gyngestol

el sillón

lenestol

el libro

bok

la frazada

teppe

la decoración

dekorasjon

la leña

ved

la película

film

el equipo de música

stereoanlegg

la llave

nøkkel

el diario

avis

la pintura

maleri

el póster

plakat

la radio

radio

el cuaderno

notatblokk

la aspiradora

støvsuger

el cactus

kaktus

la vela

lys

la cocina
kjøkken

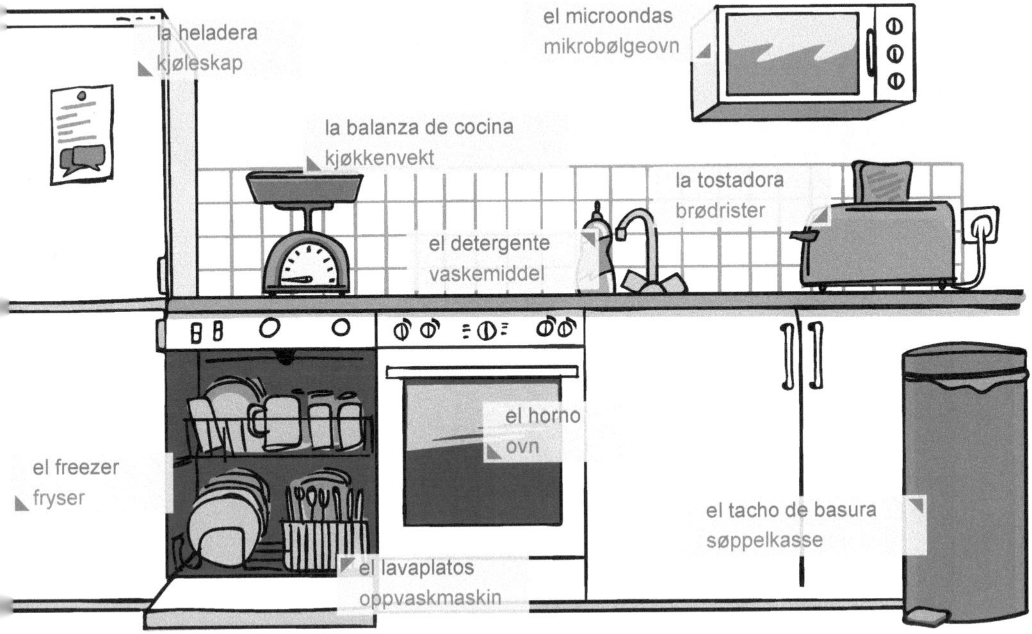
la heladera
kjøleskap
el microondas
mikrobølgeovn
la balanza de cocina
kjøkkenvekt
la tostadora
brødrister
el detergente
vaskemiddel
el horno
ovn
el freezer
fryser
el tacho de basura
søppelkasse
el lavaplatos
oppvaskmaskin

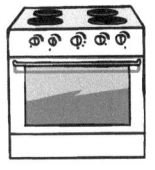

la cocina

komfyr

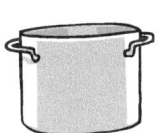

la olla

gryte

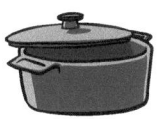

la olla de hierro fundido

jerngryte

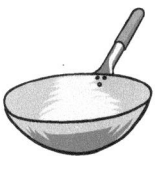

el wok

wokpanne

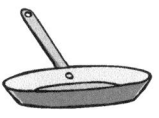

la sartén

panne

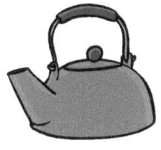

la pava

vannkoker

la vaporera

dampovn

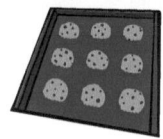

la bandeja de horno

stekebrett

la vajilla

servise

la taza

krus

el bol

bolle

los palitos

spisepinner

el cucharón

øse

la espátula

stekespade

la batidora

visp

el colador

sil

el colador

sil

el rallador

rivjern

el mortero

mørtel

la parrilla

grill

la fogata

bål

la tabla de picar

skjærefjøl

el palo de amasar

kjevle

el sacacorchos

korketrekker

la lata

boks

el abrelatas

boksåpner

la manopla

gryteklut

la pileta

vask

el cepillo

børste

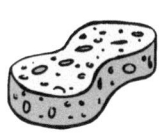

la esponja

svamp

la batidora

blender

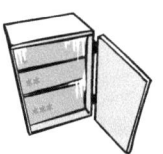

el congelador

fryseboks

la mamadera

tåteflaske

la canilla

kran

el baño

bad

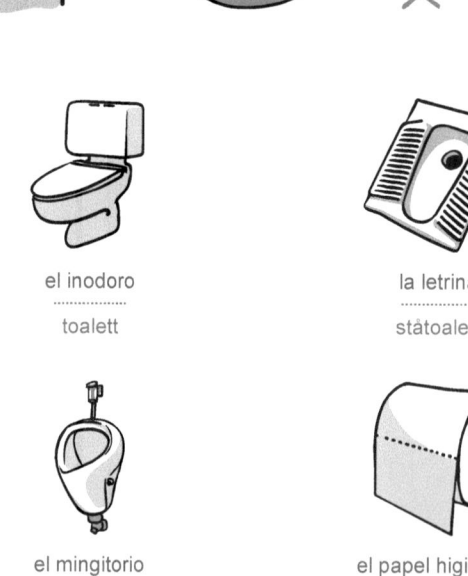

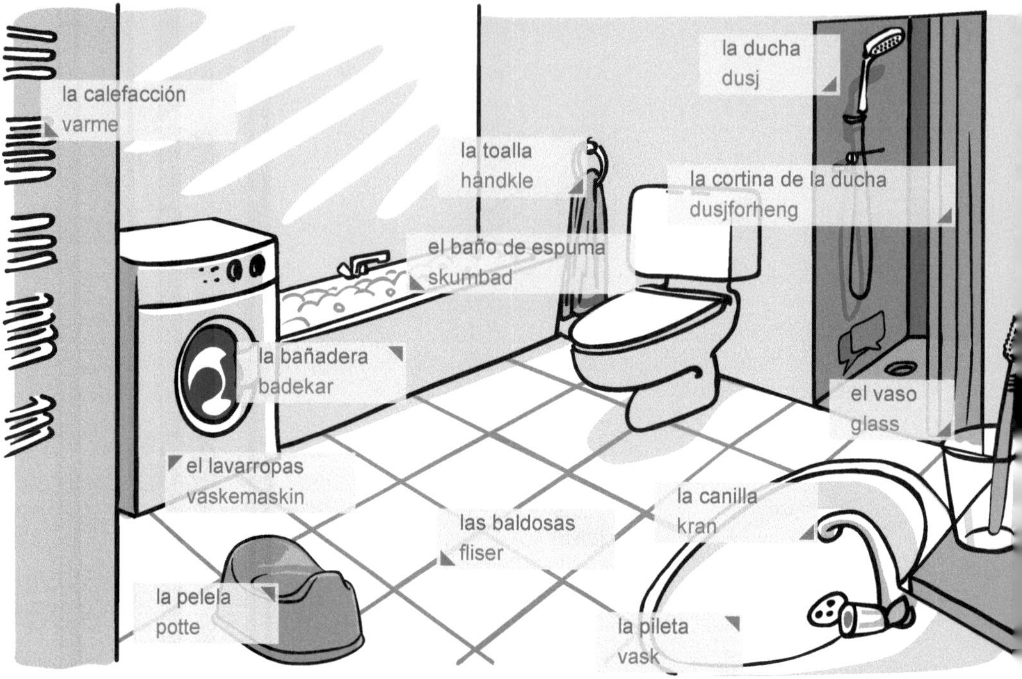
la calefacción
varme
la toalla
håndkle
la ducha
dusj
la cortina de la ducha
dusjforheng
el baño de espuma
skumbad
la bañadera
badekar
el vaso
glass
el lavarropas
vaskemaskin
la canilla
kran
las baldosas
fliser
la pelela
potte
la pileta
vask

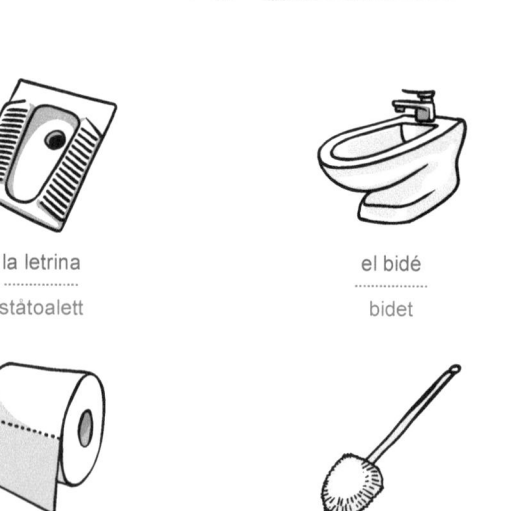

el inodoro

toalett

la letrina

ståtoalett

el bidé

bidet

el mingitorio

pissoar

el papel higiénico

toalettpapir

el cepillo para el inodoro

toalettbørste

el cepillo de dientes

tannbørste

el dentífrico

tannkrem

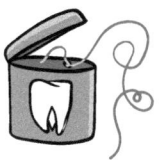

el hilo dental

tanntråd

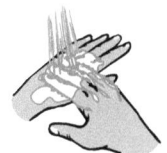

lavar

vaske

la ducha de mano

hånddusj

la ducha higiénica

intimdusj

la palangana

oppvaskbalje

el cepillo para la espalda

ryggbørste

el jabón

såpe

el gel de ducha

dusjsåpe

el shampoo

sjampo

la toallita

vaskeklut

el desagüe

avløp

la crema

krem

el desodorante

deodorant

el espejo

speil

el espejito

håndspeil

la maquinita de afeitar

barberhøvel

la espuma de afeitar

barberskum

el aftershave

barberingsvann

el peine

kam

el cepillo

børste

el secador de pelo

hårføner

el spray

hårspray

el maquillaje

sminke

el lápiz de labios

lebestift

el esmalte para uñas

neglelakk

el algodón

bomullsdott

la tijera para uñas

neglesaks

el perfume

parfyme

el portacosméticos

toalettmappe

la banqueta

krakk

la balanza

vekt

la bata

badekåpe

los guantes de goma

gummihansker

el tampón

tampong

la toallita femenina

sanitetsbind

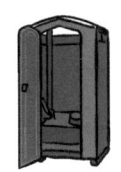

el baño químico

kjemisk toalett

el cuarto de los chicos

barnerom

el despertador
vekkerklokke
el peluche
kosedyr
el coche de juguete
lekebil
el sonajero
rangle
la casa de muñecas
dukkehus
el regalo
gave

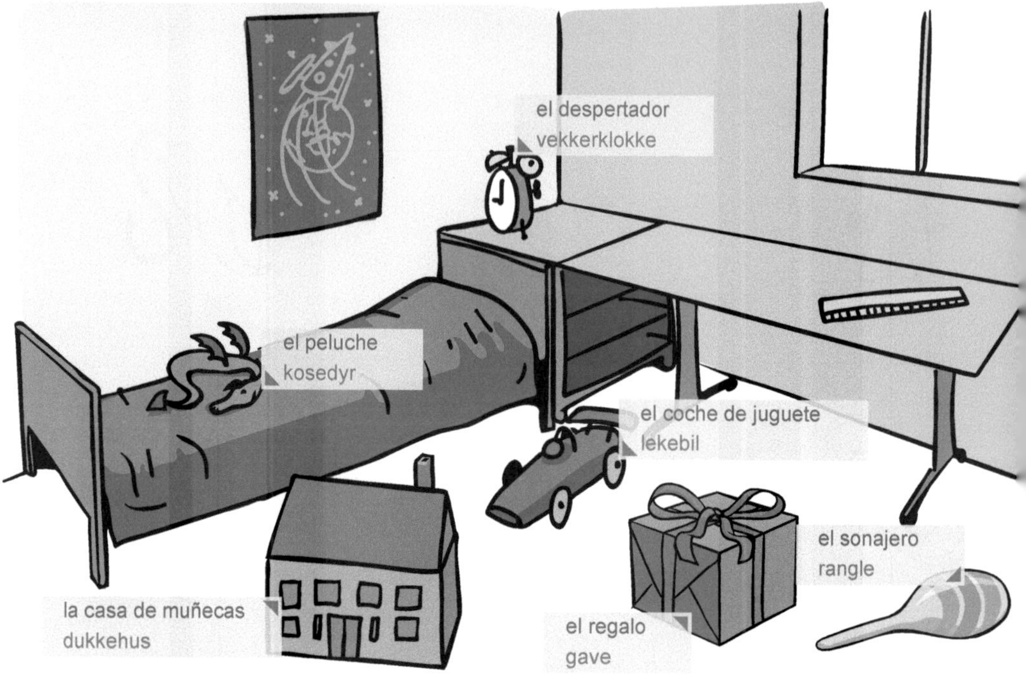

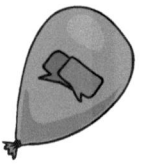

el globo

ballong

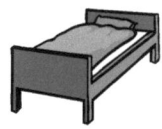

la cama

seng

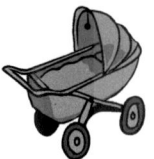

el cochecito

barnevogn

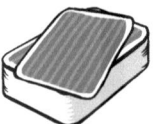

las cartas

kortstokk

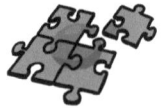

el rompecabezas

puslespill

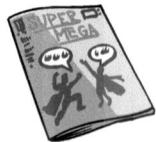

la historieta

tegneserie

las piezas de lego

lego klosser

los ladrillos de juguete

byggeklosser

la figura de acción

actionfigur

el enterito (de bebé)

sparkebukse

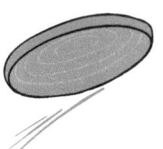

el frisbee

frisbee

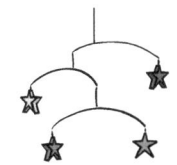

el móvil para bebés

uro

el juego de mesa

brettspill

los dados

terning

el tren eléctrico

togbane

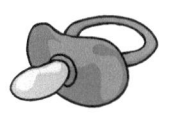

el chupete

smokk

la fiesta

fest

el libro de cuentos ilustrado

bildebok

la pelota

ball

la muñeca

dukke

jugar

leke

el arenero

sandkasse

la hamaca

gynge

los juguetes

leketøy

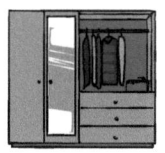

la consola de videojuegos

spillekonsoll

el triciclo

trehjulssykkel

el osito de peluche

bamse

el armario

garderobeskap

la ropa

klær

las medias

sokker

las medias panty

strømper

las calzas

strømpebukse

la bufanda
skjerf

el paraguas
paraply

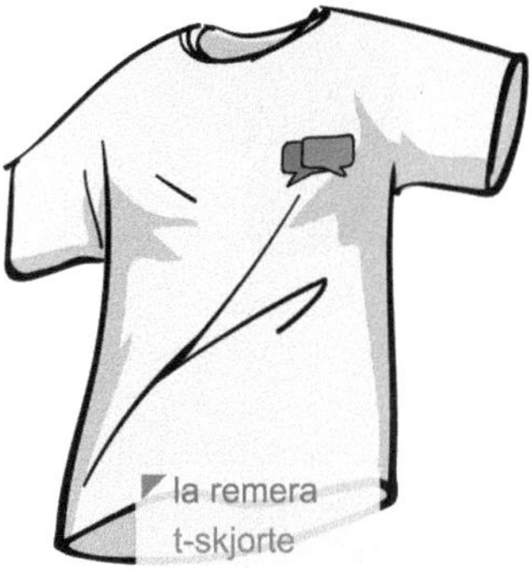

la remera
t-skjorte

el cinturón
belte

las botas
støvler

las pantuflas
tøfler

las zapatillas
sneakers

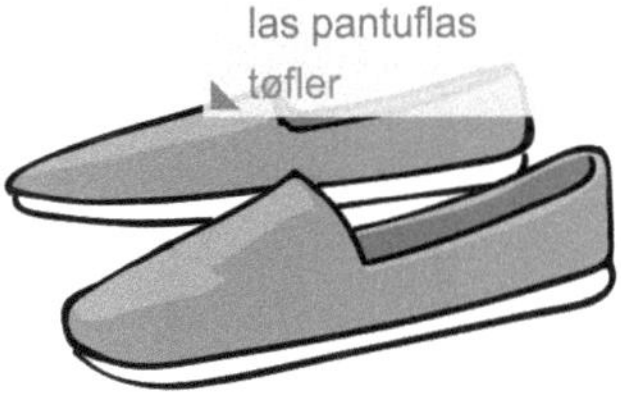

las sandalias
sandaler

los zapatos
sko

las botas de goma
gummistøvler

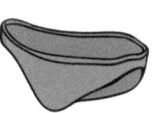

la ropa interior
underbukse

el corpiño
BH

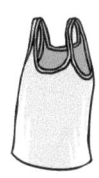

el chaleco
undertrøye

el body
body

los pantalones
bukse

los jeans
dongeribukse

la pollera
skjørt

la blusa
bluse

la camisa
skjorte

el pulóver
genser

el buzo
hettegenser

el blazer
dressjakke

la campera
jakke

el tapado
kåpe

el piloto
regnjakke

el traje
drakt

el vestido
kjole

el vestido de novia
brudekjole

el traje
dress

el camisón
nattkjole

el pijama
pyjamas

el sari
sari

el pañuelo para la cabeza
skaut

el turbante
turban

la burka
burka

el caftán
kaftan

la abaya
abaya

el traje de baño
badedrakt

el short de baño
badebukse

los shorts
shorts

el jogging
treningsklær

el delantal
forkle

los guantes
handske

el botón

knapp

los anteojos

brille

la pulsera

armbånd

el collar

kjede

el anillo

ring

el aro

øredobb

la gorra

lue

la percha

kleshenger

el sombrero

hatt

la corbata

slips

el cierre

glidelås

el casco

hjelm

los tiradores

bukseseler

el uniforme escolar

skoleuniform

el uniforme

uniform

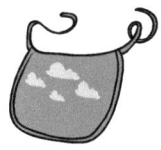

el babero

smekke

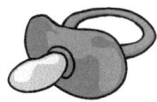

el chupete

smokk

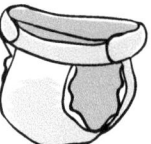

el pañal

bleie

la oficina

kontor

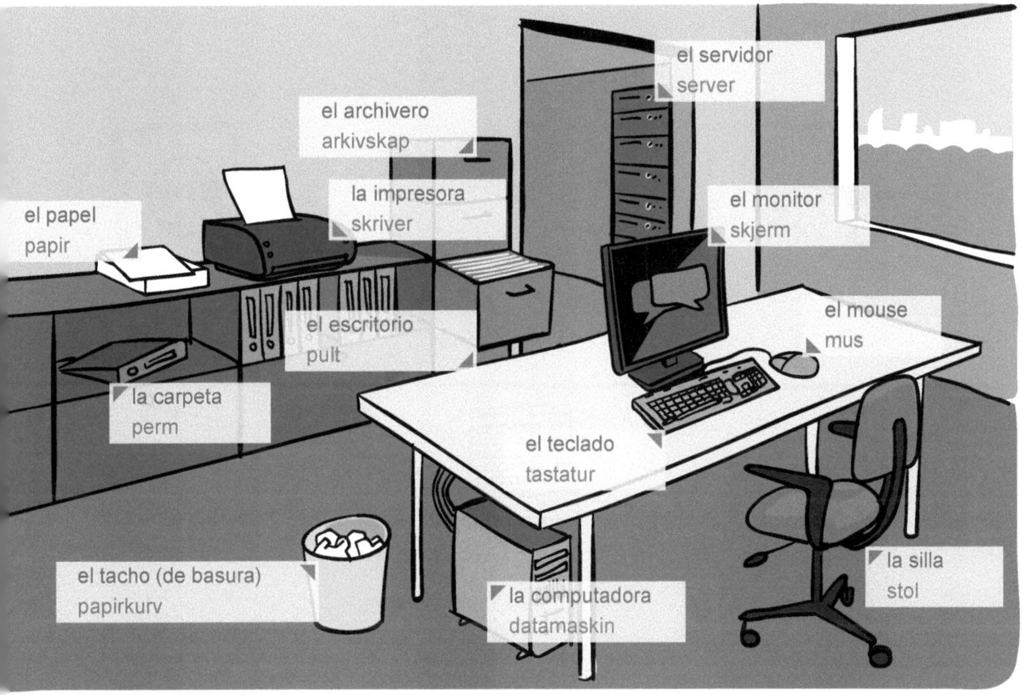

el servidor
server
el archivero
arkivskap
la impresora
skriver
el papel
papir
el monitor
skjerm
el escritorio
pult
el mouse
mus
la carpeta
perm
el teclado
tastatur
el tacho (de basura)
papirkurv
la silla
stol
la computadora
datamaskin

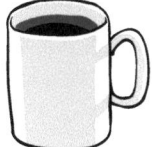

la taza de café

kaffekopp

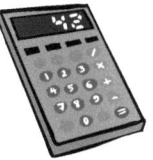

la calculadora

kalkulator

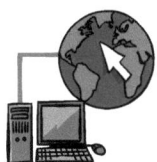

el internet

internett

la laptop

bærbar pc

la carta

brev

el mensaje

beskjed

el celular

mobiltelefon

la red

nettverk

la fotocopiadora

kopimaskin

el software

programvare

el teléfono

telefon

el tomacorriente

stikkontakt

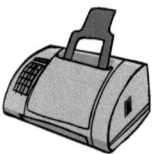

el fax

faksmaskin

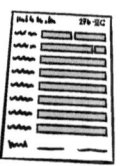

el formulario

skjema

el documento

dokument

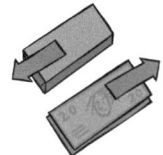 comprar
kjøpe

 pagar
betale

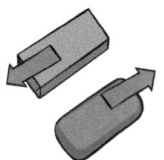 hacer negocios
handle

 el dinero
penger

 **USD**
 el dólar
dollar

 **EUR**
 el euro
euro

 **JPY**
 el yen
yen

 **RUB**
 el rublo
rubel

 **CHF**
 el franco suizo
sveitserfranc

 **CNY**
 el yuan
renminbi

 **INR**
 la rupia
rupi

 el cajero automático
minibank

la casa de cambio

vekslingskontor

el oro

gull

la plata

sølv

el petróleo

olje

la energía

energi

el precio

pris

el contrato

kontrakt

el impuesto

avgift

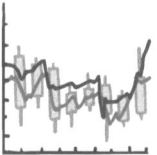

la acción

aksje

trabajar

jobbe

el empleado

ansatt

el empleador

arbeitsgiver

la fábrica

fabrikk

el negocio

butikk

las ocupaciones
yrker

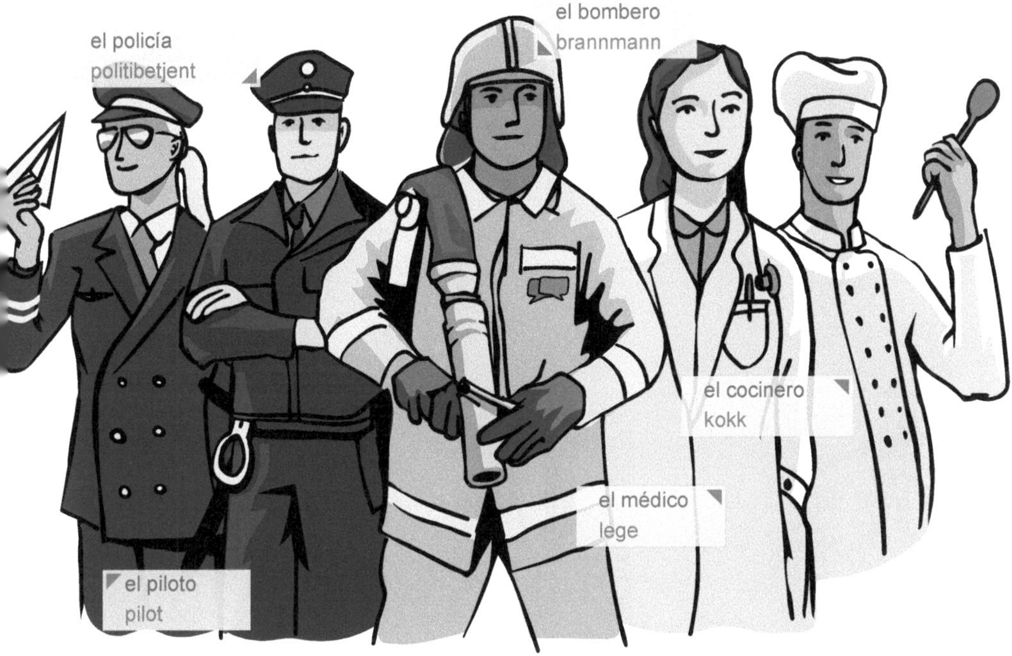
el policía
politibetjent
el bombero
brannmann
el cocinero
kokk
el médico
lege
el piloto
pilot

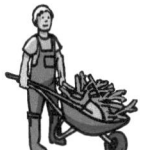

el jardinero

gartner

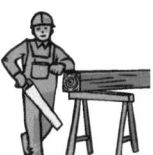

el carpintero

snekker

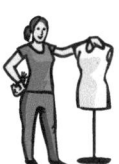

la modista

syerske

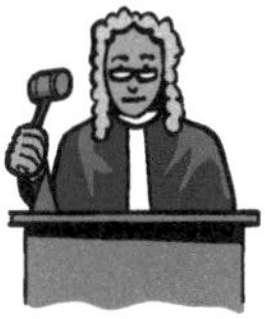

el juez

dommer

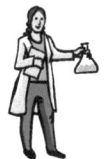

el farmacéutico

kjemiker

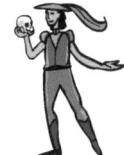

el actor

skuespiller

el colectivero

bussjåfør

el taxista

taxisjåfør

el pescador

fisker

la mucama

vaskedame

el techista

taktekker

el mozo

kelner

el cazador

jeger

el pintor

maler

el panadero

baker

el electricista

elektriker

el albañil

bygningsarbeider

el ingeniero

ingeniør

el carnicero

slakter

el plomero

rørlegger

el cartero

postbud

el soldado

soldat

el arquitecto

arkitekt

el cajero

kasserer

el florista

blomsterhandler

el peluquero

frisør

el cobrador

konduktør

el mecánico

mekaniker

el capitán

kaptein

el dentista

tannlege

el científico

forsker

el rabino

rabbi

el imán

imam

el monje

munk

el sacerdote

prest

las herramientas
verktøy

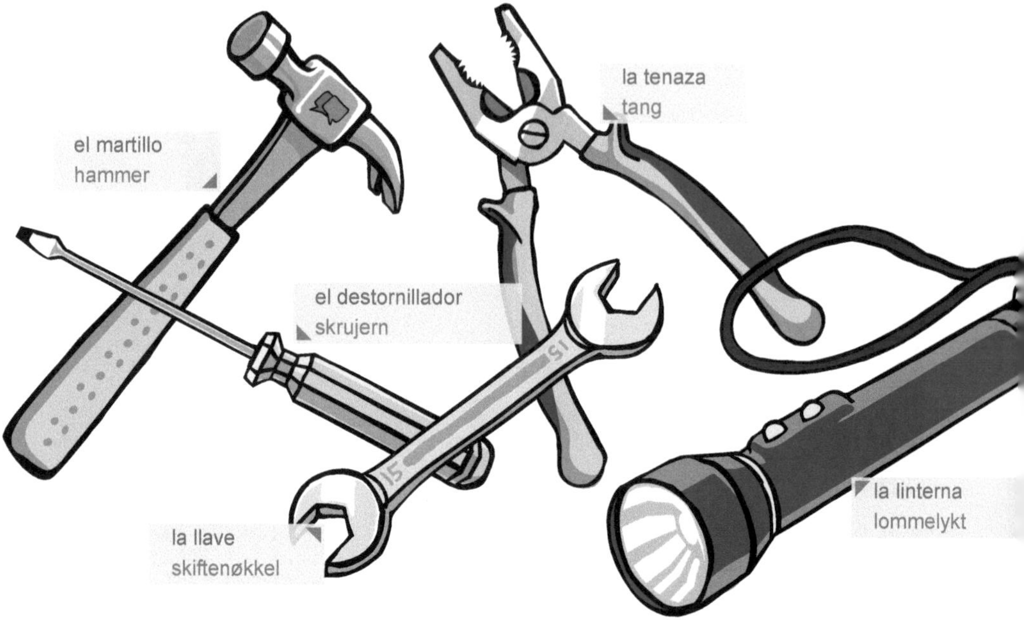

el martillo
hammer
la tenaza
tang
el destornillador
skrujern
la llave
skiftenøkkel
la linterna
lommelykt

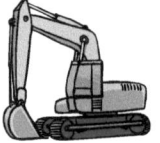

la excavadora

gravemaskin

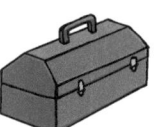

la caja de herramientas

verktøykasse

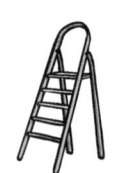

la escalera portátil

stige

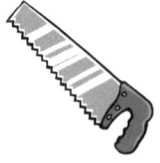

la sierra

sag

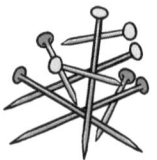

los clavos

spiker

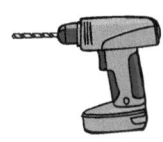

el taladro

bor

arreglar

reparere

la pala de jardín

spade

¡Qué bronca!

Søren!

la pala de plástico

feiebrett

el tacho de pintura

malingsspann

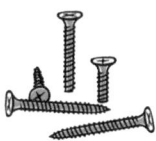

los tornillos

skruer

los instrumentos musicales
musikkinstrument

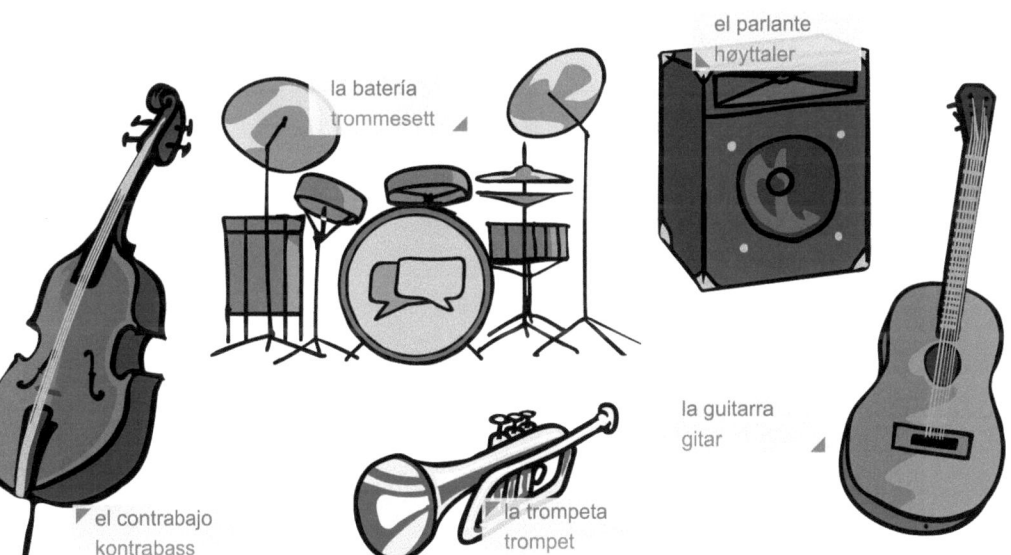

la batería
trommesett

el parlante
høyttaler

el contrabajo
kontrabass

la trompeta
trompet

la guitarra
gitar

el piano

piano

el violín

fiolin

el bajo

bass

los timbales

pauke

el tambor

trommer

el teclado

keyboard

el saxofón

saksofon

la flauta

fløyte

el micrófono

mikrofon

el zoológico
dyrehage

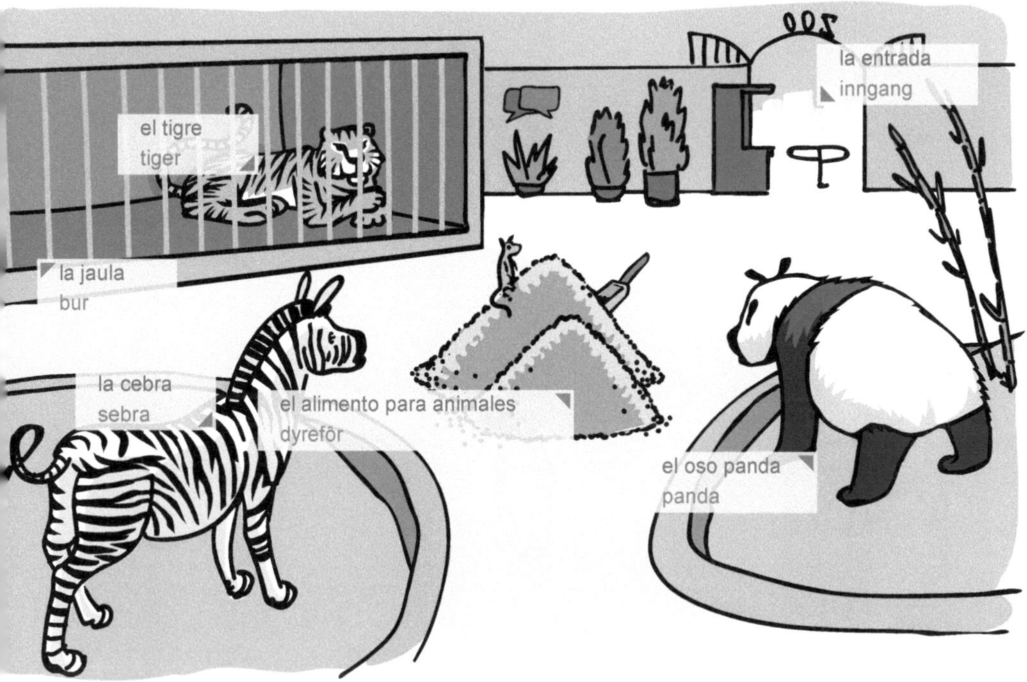

zoo
la entrada
inngang
el tigre
tiger
la jaula
bur
la cebra
sebra
el alimento para animales
dyrefôr
el oso panda
panda

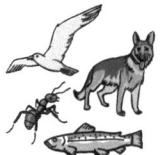

los animales

dyr

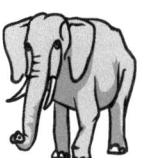

el elefante

elefant

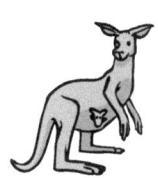

el canguro

kenguru

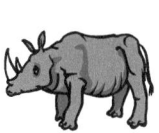

el rinoceronte

neshorn

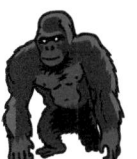

el gorila

gorilla

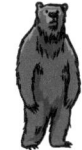

el oso

bjørn

el camello

kamel

el avestruz

struts

el león

løve

el mono

ape

el flamenco

flamingo

el loro

papegøye

el oso polar

isbjørn

el pingüino

pingvin

el tiburón

hai

el pavo real

påfugl

la serpiente

slange

el cocodrilo

krokodille

el cuidador del zoológico

dyrepasser

la foca

sel

el jaguar

jaguar

el poni

ponni

el leopardo

leopard

el hipopótamo

flodhest

la jirafa

giraff

el águila

ørn

el jabalí

villsvin

el pescado

fisk

la tortuga

skilpadde

la morsa

hvalross

el zorro

rev

la gacela

gaselle

el fútbol americano
amerikansk fotball

el ciclismo
sykling

el tenis
tennis

el básquet
basketball

la natación
svømming

el boxeo
boksing

el hockey sobre hielo
ishockey

el fútbol
fotball

el bádminton
badminton

el atletismo
friidrett

el handball
hándball

el esquí
stå på ski

el polo
polo

las actividades
aktiviteter

reír
le
saltar
hoppe
abrazar
klemme
caminar
gå
cantar
synge
soñar
drømme
rezar
be
besar
kysse

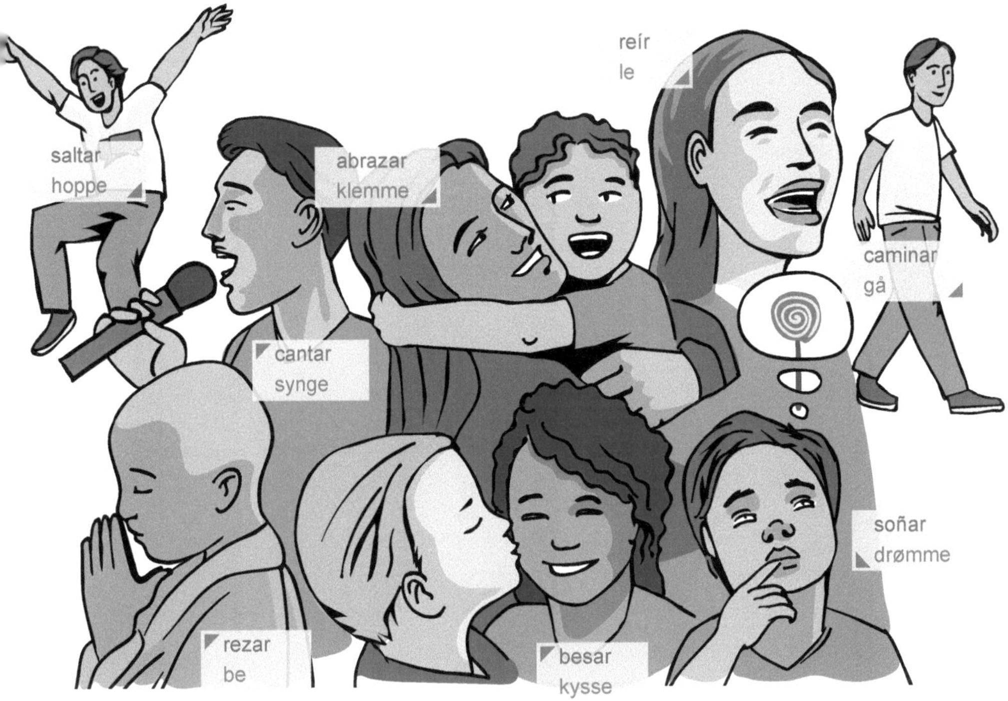

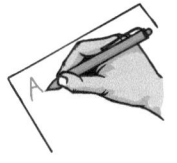

escribir
skrive

dibujar
tegne

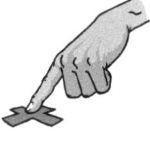

mostrar
vise

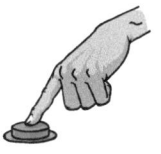

presionar
trykke

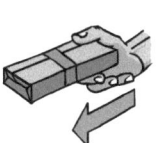

dar
gi

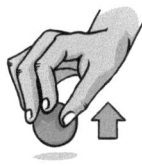

tomar
ta

tener
ha

hacer
gjøre

ser
være

estar parado
stå

correr
løpe

tirar
dra

tirar
kaste

caer
falle

estar acostado
ligge

esperar
vente

llevar
bære

estar sentado
sitte

vestirse
kle på

dormir
sove

despertar
våkne

mirar

se på

llorar

gråte

acariciar

stryke

peinar

gre

hablar

snakke

entender

forstå

preguntar

spørre

escuchar

høre

beber

drikke

comer

spise

ordenar

rydde

amar

elske

cocinar

lage mat

manejar

kjøre

volar

fly

navegar
seile

calcular
regne

leer
lese

aprender
lære

trabajar
jobbe

casarse
gifte seg

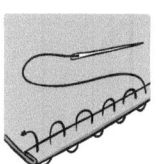

coser
sy

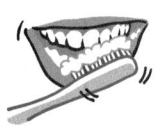

cepillarse los dientes
pusse tenner

matar
drepe

fumar
røyke

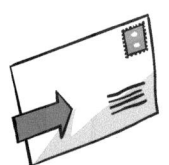

enviar
sende

la familia
familie

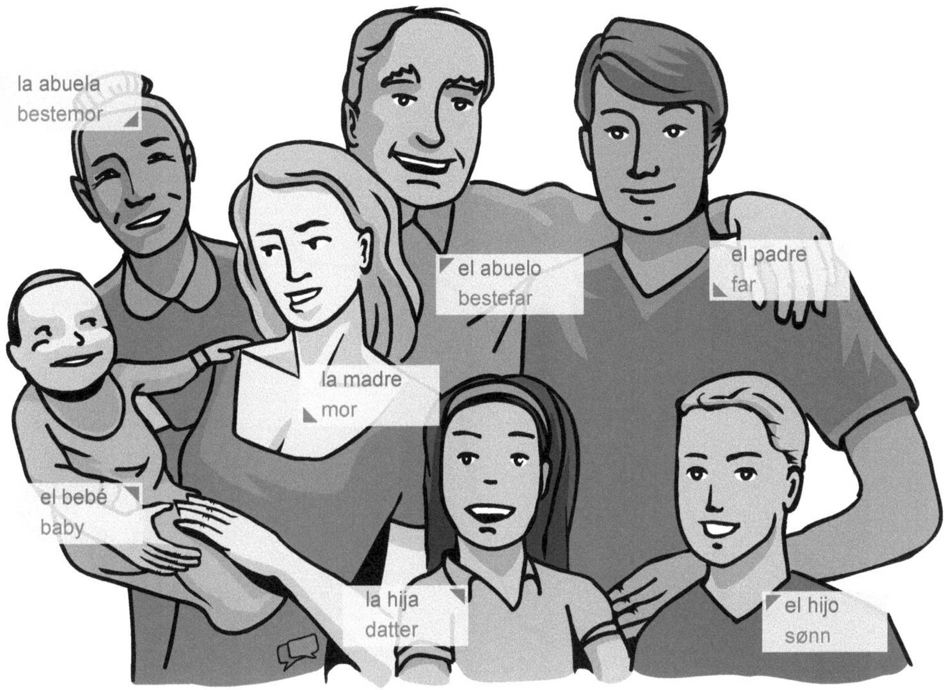

la abuela
bestemor
el abuelo
bestefar
el padre
far
la madre
mor
el bebé
baby
la hija
datter
el hijo
sønn

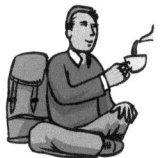

el invitado

gjest

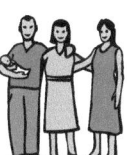

la tía

tante

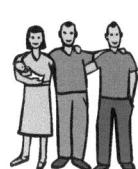

el tío

onkel

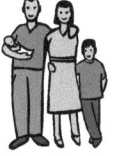

el hermano

bror

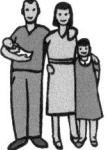

la hermana

søster

el cuerpo
kropp

la frente
panne
el ojo
øye
el hombro
skulder
el dedo
finger
la cara
fjes
la pera
hake
la mano
hånd
la pierna
ben
el pecho
bryst
el brazo
arm

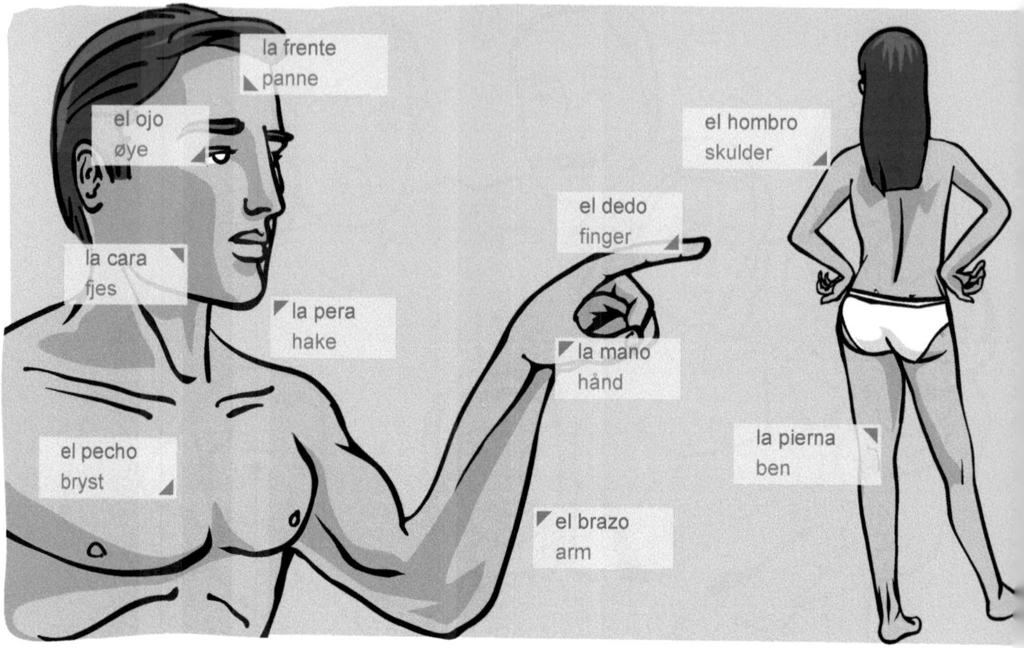

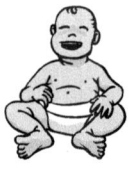

el bebé

baby

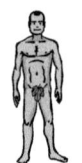

el hombre

mann

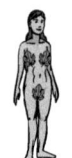

la mujer

kvinne

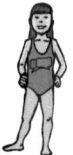

la nena

jente

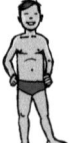

el nene

gutt

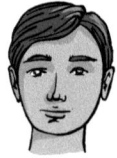

la cabeza

hode

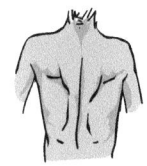

la espalda
rygg

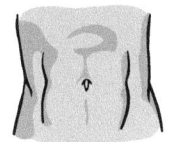

la panza
mage

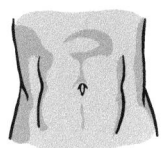

el ombligo
navle

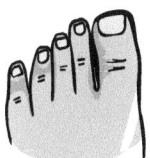

el dedo del pie
tå

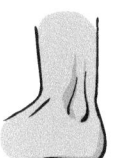

el talón
hæl

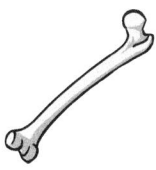

el hueso
bein

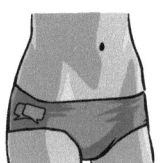

la cadera
hofte

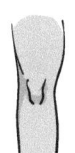

la rodilla
kne

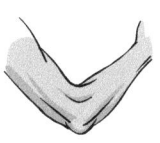

el codo
albue

la nariz
nese

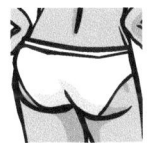

la cola
rumpe

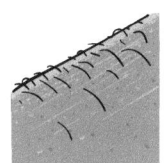

la piel
hud

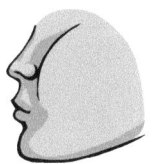

el cachete
kinn

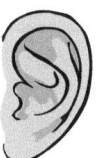

la oreja
øre

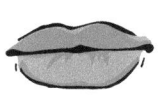

el labio
leppe

el cuerpo - kropp

la boca

munn

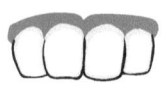

el diente

tann

la lengua

tunge

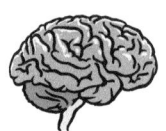

el cerebro

hjerne

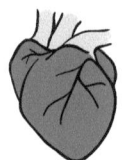

el corazón

hjerte

el músculo

muskel

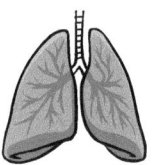

el pulmón

lunge

el hígado

lever

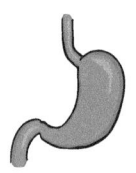

el estómago

magesekk

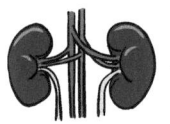

los riñones

nyrer

el sexo

samleie

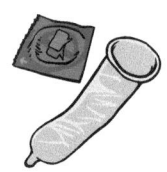

el preservativo

kondom

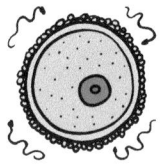

el óvulo

eggcelle

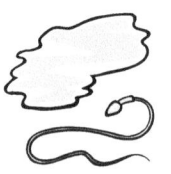

el semen

sæd

el embarazo

graviditet

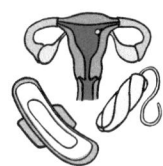

la menstruación

menstruasjon

la vagina

vagina

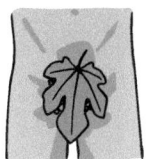

el pene

penis

la ceja

øyenbryn

el pelo

hår

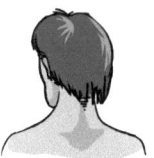

el cuello

hals

el hospital
sykehus

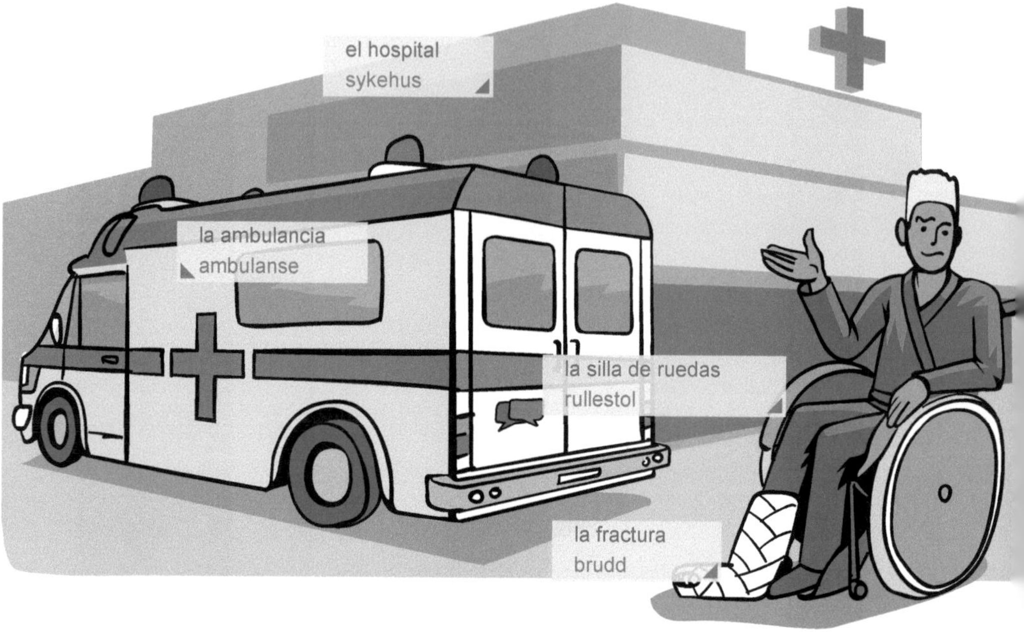

el hospital
sykehus
la ambulancia
ambulanse
la silla de ruedas
rullestol
la fractura
brudd

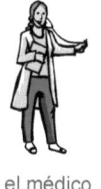

el médico

lege

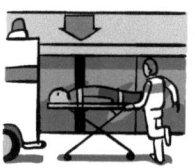

la sala de guardia

akuttmottak

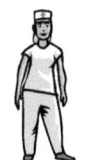

la enfermera

sykepleier

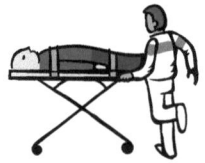

la emergencia

nødsituasjon

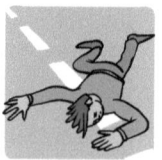

inconsciente

bevisstløs

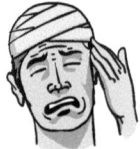

el dolor

smerte

la lesión

skade

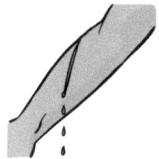

la hemorragia

blødning

el infarto

hjerteinfarkt

el ACV

hjerneslag

la alergia

allergi

la tos

hoste

la fiebre

feber

la gripe

influensa

la diarrea

diaré

el dolor de cabeza

hodepine

el cáncer

kreft

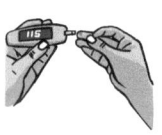

la diabetes

diabetes

el cirujano

kirurg

el bisturí

skalpell

la operación

operasjon

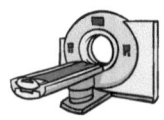

la TC

CT

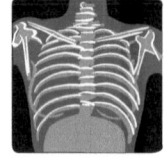

los rayos x

røntgen

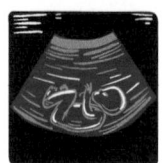

la ecografía

ultralyd

el barbijo

ansiktsmaske

la enfermedad

sykdom

la sala de espera

venterom

la muleta

krykke

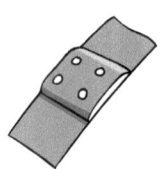

la curita

plaster

la venda

bandasje

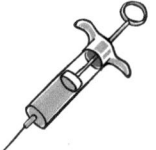

la inyección

injeksjon

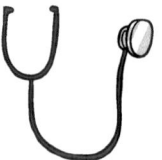

el estetoscopio

stetoskop

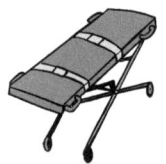

la camilla

båre

el termómetro

klinisk termometer

el nacimiento

fødsel

el sobrepeso

overvekt

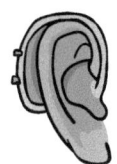

el audífono

høreapparat

el desinfectante

desinfeksjonsmiddel

la infección

infeksjon

el virus

virus

el VIH / SIDA

HIV/AIDS

el remedio

medisin

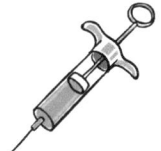

la vacunación

vaksinasjon

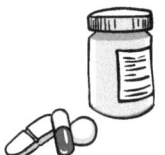

los comprimidos

tabletter

la pastilla anticonceptiva

pille

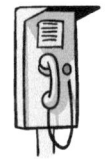

la llamada de emergencia

nødanrop

el tensiómetro

blodtrykksmåler

enfermo / sano

syk / frisk

¡Ayuda!

Hjelp!

la alarma

alarm

la agresión

overfall

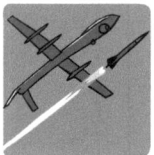

el ataque

angrep

el peligro

fare

la salida de emergencia

nødutgang

¡Fuego!

Brann!

el matafuego

brannslukker

el accidente

ulykke

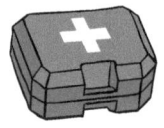

el botiquín de primeros auxilios

førstehjelpsskrin

el SOS

SOS

la policía

politi

Europa

Europa

América del Norte

Nord-Amerika

América del Sur

Sør-Amerika

África

Afrika

Asia

Asia

Australia

Australia

el Atlántico

Atlanterhavet

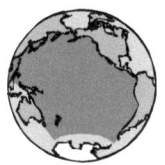

el Pacífico

Stillehavet

el Océano Índico

Det indiske hav

el Océano Antártico

Sørishavet

el Océano Ártico

Nordishavet

el polo norte

Nordpolen

el polo sur

Sydpolen

la Antártida

Antarktis

la Tierra

jorden

la tierra

land

el mar

sjø

la isla

øy

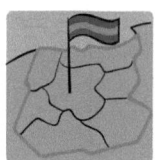

la nación

nasjon

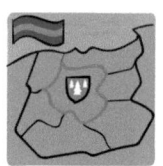

el estado

stat

la esfera

urskive

la manecilla de las horas

timeviser

el minutero

minuttviser

el segundero

sekundviser

¿Qué hora es?

Hva er klokken?

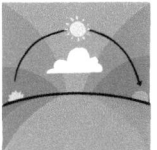

el día

dag

la hora

tid

ahora

nå

el reloj digital

digitalklokke

el minuto

minutt

la hora

time

la semana

uke

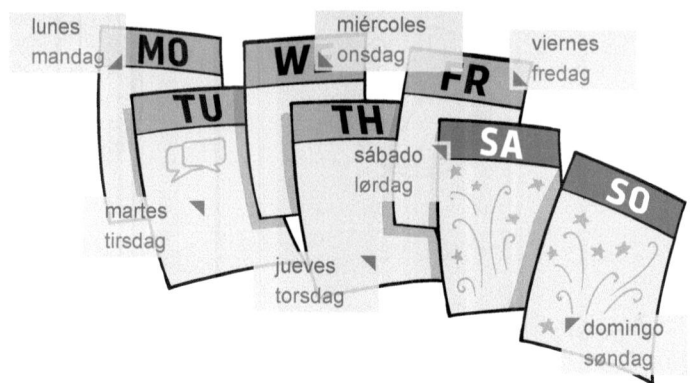

lunes
mandag

MO

W miércoles
onsdag

TU

TH

FR viernes
fredag

SA

sábado
lørdag

SO

martes
tirsdag

jueves
torsdag

domingo
søndag

ayer
i går

hoy
i dag

mañana
i morgen

la mañana
morgen

el mediodía
middag

la tarde
kveld

MO	TU	WE	TH	FR	SA	SU
1	2	3	4	5	6	7
8	9	10	11	12	13	14
15	16	17	18	19	20	21
22	23	24	25	26	27	28
29	30	31	1	2	3	4

los días hábiles

arbeidsdag

MO	TU	WE	TH	FR	SA	SU
1	2	3	4	5	6	7
8	9	10	11	12	13	14
15	16	17	18	19	20	21
22	23	24	25	26	27	28
29	30	31	1	2	3	4

el fin de semana

helg

la lluvia
regn

el arco iris
regnbue

la nieve
snø

el viento
vind

la primavera
vår

el otoño
høst

el verano
sommer

el invierno
vinter

4.APRIL	11°	☀
5.APRIL	4°	☂
6.APRIL	13°	☂
7.APRIL	8°	☀
8.APRIL	10°	☀

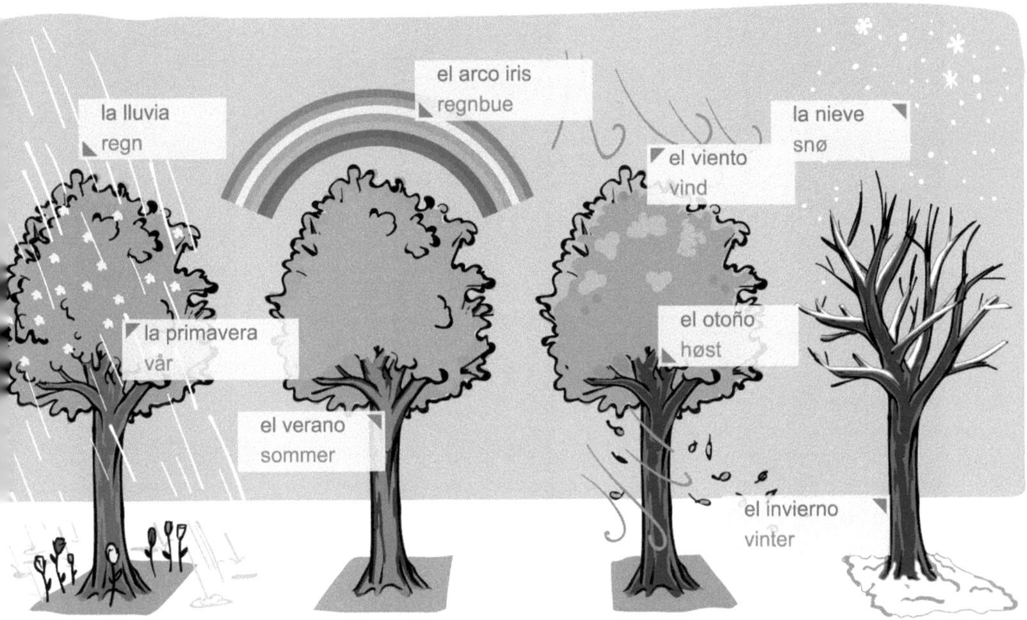

l pronóstico meteorológico

værmelding

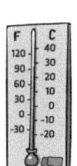

el termómetro

termometer

la luz del sol

solskinn

la nube

sky

la niebla

tåke

la humedad

luftfuktighet

el rayo

lyn

el trueno

torden

la tormenta

storm

el granizo

hagl

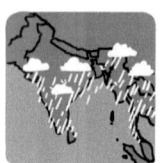

el monzón

monsun

la inundación

oversvømmelse

el hielo

is

enero

januar

febrero

februar

marzo

mars

abril

april

mayo

mai

junio

juni

julio

juli

agosto

august

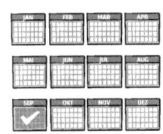

septiembre

september

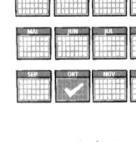

octubre

oktober

noviembre

november

diciembre

desember

el círculo

sirkel

el cuadrado

kvadrat

el rectángulo

rektangel

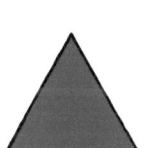

el triángulo

triangel

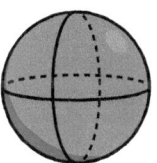

la esfera

kule

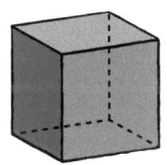

el cubo

kube

blanco

hvit

amarillo

gul

naranja

oransj

rosa

rosa

rojo

rød

violeta

lilla

azul

blå

verde

grønn

marrón

brun

gris

grå

negro

svart

mucho / poco

mye / lite

enojado / tranquilo

sint / rolig

lindo / feo

pen / stygg

el principio / el fin

start / slutt

grande / chico

stor / liten

claro / oscuro

lys / mørk

el hermano / la hermana

bror / søster

limpio / sucio

ren / skitten

completo / incompleto

fullstendig / ufullstendig

el día / la noche

dag / natt

muerto / vivo

død / levende

ancho / angosto

bred / smal

comestible / no comestible

spiselig / uspiselig

malo / amable

ond / snill

entusiasmado / aburrido

begeistret / lei

gordo / flaco

tykk / tynn

primero / último

først / sist

el amigo / el enemigo

venn / fiende

lleno / vacío

full / tom

duro / blando

hard / myk

pesado / liviano

tung / lett

el hambre / la sed

sulten / tørst

enfermo / sano

syk / frisk

ilegal / legal

ulovlig / lovlig

inteligente / estúpido

intelligent / dum

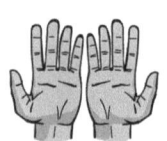

izquierda / derecha

venstre / høyre

cerca / lejos

nære / langt unna

nuevo / usado
ny / brukt

nada / algo
ingenting / noe

viejo / joven
gammel / ung

encendido / apagado
på / av

abierto / cerrado
åpen / stengt

silencioso / ruidoso
lavt / høyt

rico / pobre
rik / fattig

correcto / incorrecto
riktig / feil

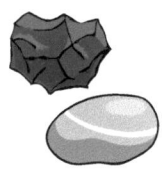

áspero / suave
ru / glatt

triste / contento
trist / glad

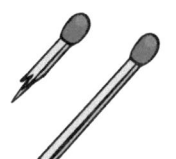

corto / largo
kort / lang

lento / rápido
langsom / rask

mojado / seco
vått / tørt

caliente / frío
varm / lunken

guerra / paz
krig / fred

los opuestos - motsetninger

0	**1**	**2**
cero	uno	dos
null	en	to

3	**4**	**5**
tres	cuatro	cinco
tre	fire	fem

6	**7**	**8**
seis	siete	ocho
seks	sju	åtte

9	**10**	**11**
nueve	diez	once
ni	ti	elleve

12

doce

tolv

13

trece

tretten

14

catorce

fjorten

15

quince

femten

16

dieciséis

seksten

17

diecisiete

sytten

18

dieciocho

atten

19

diecinueve

nitten

20

veinte

tjue

100

cien

hundre

1.000

mil

tusen

1.000.000

el millón

million

el inglés

engelsk

el inglés americano

amerikansk engelsk

el chino mandarín

mandarin

el hindi

hindi

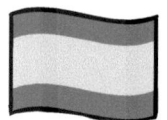

el español

spansk

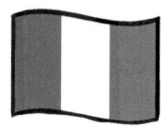

el francés

fransk

el árabe

arabisk

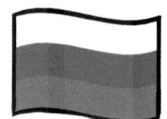

el ruso

russisk

el portugués

portugisisk

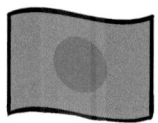

el bengalí

bengali

el alemán

tysk

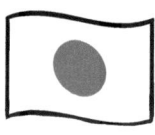

el japonés

japansk

yo
....
jeg

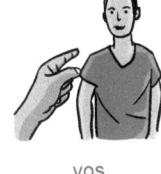

vos
....
du

él / ella
....
han / hun / det

nosotros
....
vi

ustedes
....
dere

ellos
....
de

¿quién?
....
hvem?

¿qué?
....
hva?

¿cómo?
....
hvordan?

¿dónde?
....
hvor?

¿cuándo?
....
når?

el nombre
....
navn

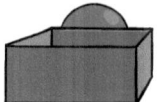

detrás

bakom

en

i

adelante de

foran

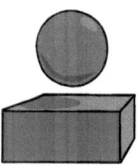

por encima de

over

sobre

på

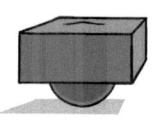

debajo de

under

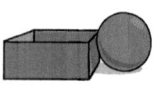

al lado de

ved siden av

entre

mellom

el lugar

sted